HTML: Guida Completa allo Sviluppo Web e Web Design per Programmare Siti Web. Contiene Esempi di Codice ed Esercizi Pratici

Oscar R. Frost

Published by Oscar R. Frost, 2024.

While every precaution has been taken in the preparation of this book, the publisher assumes no responsibility for errors or omissions, or for damages resulting from the use of the information contained herein.

HTML: GUIDA COMPLETA ALLO SVILUPPO WEB E WEB DESIGN PER PROGRAMMARE SITI WEB. CONTIENE ESEMPI DI CODICE ED ESERCIZI PRATICI

First edition. December 6, 2024.

Written by Oscar R. Frost.

Also by Oscar R. Frost

Raspberry Pi: Scopri Tutti i Segreti per lo Sviluppo e Programmazione del Micro Computer per Maker e Hobbisti. Contiene Esempi di Codice ed Esercizi Pratici

Arduino: Scopri Tutti i Segreti per lo Sviluppo e la Programmazione del Microcontrollore per Maker e Hobbisti. Contiene Esempi di Codice ed Esercizi Pratici.

Angular: Guida Completa allo Sviluppo e Programmazione di Siti Internet Dinamici e Web App con AngularJS. Contiene Esempi di Codice ed Esercizi Pratici

C++: Guida Completa al Linguaggio e alla Programmazione ad Oggetti. Contiene Esempi di Codice ed Esercizi Pratici

CSS: Guida Completa allo Sviluppo di Fogli di Stile per Web Design e la Creazione di Siti Internet. Contiene Esempi di Codice ed Esercizi Pratici

PHP: Guida Completa allo Sviluppo e Programmazione di Siti Web Dinamici. Contiene Esempi di Codice ed Esercizi Pratici.

MySQL: Guida Completa ai Database SQL per Principianti. Contiene Esempi di Codice ed Esercizi Pratici.

JavaScript: Guida alla Programmazione Web e Web-App. Contiene Esempi di Codice ed Esercizi Pratici.

React Native: Guida Completa allo Sviluppo e Programmazione di Siti Internet e Web App con ReactJS. Contiene Esempi di Codice ed Esercizi Pratici.

Java: Guida Completa alla Programmazione ad Oggetti. Contiene Esempi di Codice ed Esempi Pratici

HTML: Guida Completa allo Sviluppo Web e Web Design per Programmare Siti Web. Contiene Esempi di Codice ed Esercizi Pratici

Python: Il Manuale per Imparare a Programmare. Contiene Esempi di Codice ed Esercizi Pratici.

Sommario

Premessa

Il Web ha assunto un ruolo fondamentale nelle nostre vite, ha cambiato il nostro modo di vivere, di comunicare, di svolgere operazioni comuni. Considerata la sua crescita, usare il Web rende più semplice la vita infatti si prevede un aumento significativo delle professioni legate a questo mondo.

Il Web, in realtà, racchiude molteplici professioni infatti ci sono professionisti che si occupano di manutenere un server che ospita dei siti Web, altri si occupano della grafica di un sito Web, altri ancora che ne creano i contenuti, altri che si occupano di creare la struttura di un sito e curarne il suo aspetto. Ovviamente tutto questo avviene per siti molto grandi, pensiamo ad e-commerce, giornali, social network ecc.

Tutto ciò non vuol dire che creare un sito Web sia molto complesso, qualcosa di dedicato solo a persone esperte, anzi, tutto il contrario. Chiunque può imparare a creare un sito Web e non sono richieste competenze particolari, basta un buon manuale e, se necessario, qualche ricerca su Internet. Se vuoi gestire anche il server che ospiterà il tuo sito Web potresti avere qualche difficoltà in più ma esistono soluzioni semplici e a basso costo. Potresti acquistare un dominio a pochi euro da una delle tante aziende che fornisce questi servizi di hosting ed iniziare subito a costruire un sito Web. In questo modo contare anche su un supporto tecnico per eventuali problemi.

Per costruire un sito non servono software a pagamento, anzi, la maggior parte è gratuita quindi potrai scegliere in autonomia da quelli più elementari fino a quelli più complessi ed avanzati.

In ogni caso, il modo migliore per poter imparare è sperimentare, essere curiosi e non accontentarsi mai di una soluzione ma raggiungere quella che riteniamo essere la migliore, magari riadattandola in base al giudizio degli utenti. È per questo che Google nel 2009 ha testato 41 gradazioni di blu differenti per risultati di ricerca e annunci pubblicitari in Gmail quindi cerca sempre il miglior aspetto per il tuo sito e verifica che si adatti ad ogni dispositivo: pc, tablet, smartphone e recentemente anche Smart-TV.

HTML e Web

Qui spiegheremo i principi base che sono dietro al modo in cui funziona HTML, descriveremo come HTML fa funzionare le pagine ed esamineremo i grandi siti Web per coglierne suggerimenti ed individuare delle funzionalità. Infine, costruiremo piccolo sito Web per aumentare la nostra confidenza con questo linguaggio di markup e per "mettere le mani in pasta". Con un po' di conoscenza, un po' di pratica e, ovviamente, un po' di teoria, anche tu puoi costruire il tuo sito Web o continuare il lavoro che hai già intrapreso. Il modo migliore per iniziare a lavorare con l'HTML è quello di iniziare subito a creare una pagina, dopo qualche nozione fondamentale.

Le pagine Web possono contenere diversi tipi di contenuti: elementi grafici, testo, file audio e video. Questo è solo un elenco parziale infatti navigando sul Web ti imbatterai in un vero e proprio vortice di informazioni e contenuti che vengono visualizzati in vari modi. Sebbene ogni sito Web sia diverso, ognuno ha una cosa in comune: **HyperText Markup Language** (HTML). Esatto, indipendentemente dalle informazioni che una pagina Web può contenere, ogni singola pagina Web viene creata utilizzando HTML. Considera questo linguaggio come la struttura di una pagina Web; la grafica, il contenuto e altre informazioni sono i mattoni. Ma cos'è esattamente l'HTML e come funziona?

Cos'è l'HTML?

Le pagine Web non sono altro che documenti di testo, il testo è il linguaggio universale dei computer, il che significa che qualsiasi file di testo (inclusa una pagina Web) creata su un computer Windows funziona ugualmente bene su un sistema che esegue Mac OS, Linux, Unix o qualsiasi altro sistema operativo. Le pagine Web non sono semplicemente documenti di testo ma sono documenti realizzati con un testo speciale, pieno di **tag**. HTML è una raccolta di istruzioni che vengono incluse insieme al contenuto in un file di testo in chiaro che specifica l'aspetto e il comportamento della pagina.

Ricorda che si tratta di file di testo quindi puoi crearlo e modificarlo con qualsiasi editor partendo da Blocco note fino ad arrivare ad Atom. Quando inizi con HTML, un editor di testo è fondamentale e sono disponibili molti editor tra cui Notepad++, SublimeText o anche WebStorm, Eclipse, Visual Studio ecc. Basta installare e lanciare l'editor e sei pronto per creare la tua pagina. I browser Web sono stati creati appositamente allo scopo di leggere le istruzioni HTML e visualizzare la pagina risultante. Ad esempio, dai un'occhiata alla pagina Web mostrata nell'immagine seguente e crea un rapido elenco mentale di tutto ciò che vedi.

Le varietà dei funghi

I funghi sono uno dei frutti più preziosi e stravaganti del bosco e delle piante. Eccone alcune specie:

- Chiodini
- Champignon
- Finferli
- Geloni
- Lingue di bue
- Mazze di Tamburo
- Ovoli
- Pioppini
- Prataioli
- Porcini
- Prugnoli
- Rositi

I componenti di questa pagina includono un'intestazione che descrive le informazioni sulla pagina, un paragrafo di testo sulle varietà di funghi e un elenco di varietà comuni. Si noti, tuttavia, che diversi componenti della pagina hanno una formattazione e quindi un aspetto diverso l'uno dall'altro. L'intestazione nella parte superiore della pagina è più grande del testo nel paragrafo e le varietà di funghi fanno parte di un elenco puntato. Il browser sa visualizzare questi diversi componenti della pagina in modi specifici proprio grazie all'HTML, descritto di seguito:

```
<html>

<head>

<title>Varietà di funghi</title>

</head>

<body>

<h1>Le varietà dei funghi</h1>
```

<p>I funghi sono uno dei frutti più preziosi e stravaganti del bosco e delle piante. Eccone alcune specie:</p>

<ul>

<li>Chiodini</li>

<li>Champignon</li>

<li>Finferli</li>

<li>Geloni</li>

<li>Lingue di bue</li>

<li>Mazze di Tamburo</li>

<li>Ovoli</li>

<li>Pioppini</li>

<li>Prataioli</li>

<li>Porcini</li>

<li>Prugnoli</li>

<li>Rositi</li>

</ul>

</body>

</html>

Il testo racchiuso tra i segni minore di e maggiore di (<>) è HTML, spesso indicato come markup, ad esempio, il markup <p> ... </p> identifica il testo riguardo le varietà di funghi come paragrafo e il markup <li> ... </li> identifica ogni elemento nell'elenco come una varietà. Come vedi basta poco per creare una pagina HTML, basta incorporare il markup in un file di testo insieme al testo per far sapere al browser come visualizzare la pagina Web. Per ora, l'importante è capire che il markup risiede all'interno di un file di testo insieme al contenuto per dare istruzioni a un browser.

Cos'è il Web?

Le tue pagine HTML non sarebbero utili se non potessi condividerle con il resto del mondo, per fortuna ci sono i **server Web** che lo rendono possibile. Un server Web è un computer connesso a Internet, con del software installato e in grado di rispondere alle richieste di pagine dai browser Web. Quasi ogni computer può essere un server Web, incluso il computer di casa, ma, i server Web sono generalmente computer dedicati solo a questo. Se stai creando pagine per un sito Web aziendale, potresti già disporre di un server Web su cui inserirle; devi solo chiedere informazioni al sistemista IT. Tuttavia, se stai iniziando un nuovo sito per divertimento o a scopo di lucro, dovrai trovare un **host** per le tue pagine. Trovare un host economico è facile, ne esistono moltissimi e con una semplice ricerca troverai quello che cerchi.

L'ultima parte fondamentale è un **browser Web**, il quale, esegue istruzioni scritte in HTML e usa queste istruzioni per visualizzare il contenuto di una pagina Web sullo schermo. Pensala in questo modo: i documenti di Microsoft Word possono essere visualizzati al meglio utilizzando Microsoft Word. È possibile utilizzare altri programmi di elaborazione testi (o anche versioni diverse di Word) per visualizzare i documenti di Word e, per la maggior parte, i documenti sembrano praticamente uguali. Questo concetto si applica ai documenti HTML. Devi sempre scrivere il tuo HTML con l'idea che moltissime persone visualizzeranno il contenuto usando un browser Web. Nota bene che esistono più tipi di browser e ognuno è disponibile in diverse versioni. Di solito, i browser Web richiedono e visualizzano le pagine Web disponibili via Internet da un server Web, ma è anche possibile visualizzare le pagine HTML salvate sul proprio computer prima di renderle disponibili su un server Web tramite Internet. Quando stai sviluppando le tue pagine HTML, visualizzi queste pagine (chiamate **pagine locali**), nel tuo browser. Puoi utilizzare le pagine locali per avere un'idea di ciò che le persone vedranno quando la pagina verrà pubblicata su Internet.

La cosa più importante da ricordare sui browser Web è che ogni browser interpreta l'HTML a modo suo infatti lo stesso HTML non ha lo stesso aspetto da un browser all'altro. Quando lavori con HTML di base, le variazioni non sono significative, ma quando inizi a integrare altri elementi (come script e multimedia), le cose diventano un po' più complicate nonostante gli standard cerchino di rendere le interfacce sempre più uniformi.

Molte persone usano i browser per vedere dei contenuti come testo, immagini, video, layout complessi e altro ancora. Il Web, tuttavia, è usato anche da persone ipovedenti che non possono trarre vantaggio da una visualizzazione grafica quindi è necessario progettare un sito Web in modo che sia fruibile anche da chi ha questo tipo di disabilità. Dovresti sempre essere sensibile al fatto che almeno alcuni dei visualizzatori della tua pagina useranno uno **screen reader** per il tuo sito. È buona norma mettersi nei panni di un ipovedente per testare l'accessibilità del proprio sito.

Sintassi di HTML

Tutto sommato, HTML è un linguaggio molto semplice per descrivere i contenuti di una pagina Web. I suoi componenti sono facili da usare e dopo aver capito il principio, il resto è abbastanza naturale. HTML è composto da due componenti principali:

- Elementi
- Attributi

Gli elementi

Gli elementi sono al centro dell'HTML e li usi per descrivere ogni parte di testo sulla tua pagina. Gli elementi sono costituiti da tag e un elemento può avere un tag di inizio e fine o solo un tag di inizio. Contenuti come paragrafi, intestazioni, tabelle ed elenchi usano sempre una coppia di tag che seguono la stessa sintassi: <tag> ... </tag> infatti come abbiamo visto nell'esempio precedente ci sono due tag per il paragrafo, uno di inizio e uno di fine. Pensa al tag iniziale come a un interruttore che dice al browser, "Il paragrafo inizia qui" - e il tag finale come a un interruttore che dice "Il paragrafo finisce qui", ovviamente, per poterli riconoscere il browser cerca il carattere / all'interno del tag.

Contenuti come immagini, interruzioni di riga, sospensioni per cambiare argomento utilizzano sempre un singolo tag come vedi nel caso di un'immagine:

<img src=**"funghi.jpg"** width=**"100"** height=**"100"** alt=**"funghi nel prato"**>

Quando il browser visualizza la pagina, sostituisce l'elemento <img> con il file a cui punta (utilizza l'attributo src per eseguire il puntamento). I tag singoli, come quello per le immagini, vengono anche detti **elementi vuoti**. Non è possibile, tuttavia, creare dei propri tag ovvero degli elementi personalizzati, se non tramite dei framework come *Angular, React* e *Vue.js* ma che esulano da questo contesto.

Molte pagine (come l'elenco dell'esempio visto in precedenza) usano combinazioni di elementi per descrivere parte della pagina. Nel caso di un elenco puntato, ad esempio, l'elemento <ul> specifica che l'elenco non è ordinato (quindi puntato) e gli elementi <li> contrassegnano ciascuna riga nell'elenco. Quando combini elementi con questo metodo (chiamato annidamento), assicurati di aver chiuso il tag dell'elemento interno prima di chiudere l'elemento esterno altrimenti potresti avere degli errori o comunque potresti non visualizzare correttamente la pagina.

Gli attributi

Gli attributi aggiungono una funzionalità ad un elemento per descriverne il contenuto o il suo funzionamento all'interno della pagina. Possiamo pensare agli attributi come l'estensione di un elemento in modo da poterlo usare in modo diverso a seconda delle circostanze. Ad esempio, l'elemento <img> utilizza l'attributo src per specificare la posizione dell'immagine che si desidera includere in un determinato punto della pagina. Gli altri attributi (come width, height) forniscono informazioni su come visualizzare l'immagine mentre l'attributo alt fornisce un'alternativa di testo all'immagine che risulta utile qualora il browser non riesca a visualizzare correttamente l'immagine.

```
<img     src="funghi.jpg"     width="100"     height="100"
alt="funghi nel prato">
```

I valori degli attributi devono sempre apparire tra virgolette, ma è possibile includere gli attributi ed i loro valori, in qualsiasi ordine all'interno del tag iniziale. Ogni elemento HTML possiede una raccolta di attributi che possono essere utilizzati con esso e non è possibile mescolare e abbinare altri attributi ed elementi. Alcuni attributi possono assumere come valore un qualsiasi testo perché il valore potrebbe essere qualsiasi cosa, come la posizione di un'immagine o di una pagina a cui vuoi collegarti. Altri hanno un elenco specifico di valori che l'attributo può assumere, come le opzioni per l'allineamento del testo in una cella di tabella. Le specifiche HTML definiscono esattamente quali attributi è possibile utilizzare con un dato elemento e quali valori (se definiti in modo esplicito) può assumere ciascun attributo.

15

Creare una pagina

La creazione della tua primissima pagina Web può sembrare un po' difficile, ma è sicuramente divertente e la nostra esperienza ci dice che il modo migliore per iniziare è immergersi nel codice. La creazione di documenti HTML è leggermente diversa dalla creazione di documenti di elaborazione testi in un'applicazione come Microsoft Word perché devi usare due applicazioni: fai il lavoro in una (il tuo editor di testo o di HTML) e visualizzi i risultati nell'altra (il tuo browser Web). Passare da un'applicazione ad un'altra per guardare il tuo lavoro può essere fastidioso, ma passerai come un professionista dall'editor di testo al browser e viceversa in un attimo. Per iniziare la tua prima pagina Web, hai bisogno di due cose: un editor di testo e un browser Web.

Pianificare la pagina

Puoi semplicemente iniziare a scrivere HTML senza un obiettivo ma abbiamo scoperto che alcuni minuti trascorsi a pianificare il tuo lavoro renderanno molto più semplice l'intero processo di creazione della pagina. In questo passaggio non è necessario creare un diagramma complicato o elaborare una visualizzazione grafica; basta annotare alcune idee per quello che vuoi sulla pagina e come vuoi che sia organizzato. Non devi nemmeno essere alla tua scrivania per pianificare il tuo design, puoi disegnarlo ovunque. In questo caso creiamo una breve lettera in modo da avere qualcosa di sostanziale su cui lavorare.

Il design di base per la pagina include quattro componenti fondamentali: un titolo, alcuni paragrafi che spiegano il nostro intento, un saluto e una firma.

Non dimenticare di annotare alcune note sulla combinazione di colori che desideri utilizzare sulla pagina. Per ottenere un effetto lavagna, abbiamo deciso che la nostra pagina di esempio avrà uno sfondo nero e un testo bianco, e il titolo dovrebbe essere "Saluti dal tuo caro amico".

Non appena hai definito la struttura della pagina è possibile procedere con il markup.

Scrivere il codice

Hai un paio di opzioni diverse quando sei pronto per creare il tuo HTML. Se disponi già di alcuni contenuti che desideri semplicemente descrivere con HTML, puoi salvarli come file di testo normale e aggiungere testo al loro interno. In alternativa, puoi iniziare a creare markup e aggiungere il contenuto mentre procedi. Alla fine, probabilmente userai una combinazione di entrambi. Nel nostro esempio, avevamo già un po' di testo per cominciare che era originariamente sottoforma di documento Word; abbiamo appena salvato il contenuto come file di testo e aggiunto il markup attorno ad esso. Per salvare un file Word come documento di testo, selezionare la voce *Salva con nome*. Nella finestra di dialogo che appare, scegli Solo testo (**.txt*) dall'elenco a discesa per il tipo file.

```
<!DOCTYPE html>

<html>

<head>

<title>Saluti da Antonio</title>

</head>

<body bgcolor="black" text="white">

<h1>Caro Filippo,</h1>

<p>è passato un po' di tempo da quando siamo venuti a
trovarti in Canada e da allora non ho più avuto un attimo di
```

tempo per scriverti. Purtroppo, sono stato molto impegnato a lavoro infatti spesso ho dovuto fare dei turni di notte e straordinario.

</p>

<p>Adesso che la situazione è migliorata sono contento di aver trovato il tempo per scriverti e mi auguro che tu stia bene.

</p>

<p>Tantissimi saluti da noi,</br>

Antonio Rossi

</p>

</body>

</html>

L'HTML include una raccolta di elementi e attributi di markup che descrivono il contenuto della lettera: l'elemento <html> definisce il documento come documento HTML. L'elemento <head> crea una sezione di intestazione per il documento e l'elemento <title> al suo interno definisce un titolo del documento che verrà visualizzato nella barra del titolo del browser. L'elemento <body> contiene il testo effettivo che verrà visualizzato nella finestra del browser. Gli attributi bgcolor e text hanno effetto sull'elemento <body> per impostare il colore dello sfondo nero e il colore del testo su bianco. L'elemento <h1> contrassegna il testo *Caro Filippo,* come intestazione di primo livello. Gli elementi <p> identificano ciascuno dei paragrafi nel documento.

L'elemento <br> aggiunge un'interruzione di riga manuale dopo il testo per il saluto e prima della firma.

Dopo aver creato una pagina HTML completa, o almeno la prima parte di essa che si desidera rivedere, è necessario salvarla prima di poter visualizzare il proprio lavoro in un browser.

Salvare la pagina

Ricorda che usi un editor di testo per creare i tuoi documenti HTML e un browser Web per visualizzarli, ma prima di poter visualizzare con il browser la tua pagina HTML, devi salvare quella pagina. Quando stai solo costruendo una pagina, dovresti salvarne una copia sul tuo disco rigido locale e visualizzarla localmente con il tuo browser. Quando si salva un file sul disco rigido, tenere a mente una cosa: è necessario poterlo ritrovare in modo semplice. Il nome dovrebbe avere un senso, potresti inserire il nome della pagina, in questo caso *lettera*. Detto questo, ti consigliamo di creare una cartella da qualche parte sul tuo disco rigido in particolare per le tue pagine Web. Chiamalo *Pagine Web* o *HTML* (o qualsiasi altro nome che abbia un senso per te), e assicurati di metterlo in un posto facile da trovare. Salviamo il file dall'editor in modo da denominarlo *lettera.html*.

Visualizzare sul browser

Dopo aver salvato una copia della tua pagina, sei pronto per visualizzarla in un browser Web. Se non hai aperto ancora il browser, puoi vedere la tua pagina in due modi: puoi copiare e incollare l'indirizzo del tuo file nella barra degli indirizzi del browser oppure, in modo più semplice, fare doppio click sul file salvato. I moderni sistemi operativi, infatti, riconoscono l'estensione del file e scelgono automaticamente il programma più adatto per la visualizzazione del file stesso.

Strutturare una pagina

I documenti HTML sono costituiti da testo, immagini, file multimediali, collegamenti e altri contenuti raggruppati in un'unica pagina utilizzando elementi e attributi di markup. Puoi usare blocchi di testo per creare intestazioni, paragrafi, elenchi e altro. Il primo passo nella creazione di un documento HTML solido consiste nel porre solide basi che stabiliscano la struttura del documento. È fondamentale impostare una struttura di base del documento HTML, così come definire le macro-aree che comporranno il tuo documento.

Sebbene non ci siano due pagine HTML uguali - ognuna utilizza una combinazione unica di contenuti ed elementi per definire la pagina - ogni pagina HTML deve avere la stessa struttura di documento di base che include:

- un'istruzione che identifica il documento come documento HTML
- un'intestazione del documento
- un corpo del documento

Ogni volta che crei un documento HTML puoi iniziare con questi tre elementi; quindi puoi inserire il resto dei tuoi contenuti e markup per creare una singola pagina. Nonostante la struttura di base di un documento sia un requisito per ogni documento HTML, crearlo ripetutamente può risultare un po' monotono. La maggior parte degli editor può creare automaticamente la struttura del documento quando si crea un nuovo documento HTML. Tieni conto anche di questo aspetto nella scelta del tuo editor di testo con cui creare il sito.

Etichettare come HTML

Ogni documento HTML deve iniziare con una dichiarazione **DOCTYPE** (abbreviazione di tipo di documento) che specifica quale versione di HTML è stata utilizzata per creare il documento. Per HTML4 esistono diverse dichiarazioni possibili ma useremo lo standard più recente ovvero HTML5. La dichiarazione non è un tag HTML e si tratta di una *informazione* che istruisce il browser su quale tipo di documento aspettarsi. Per la dichiarazione del tipo non è importante la distinzione tra lettere maiuscole e minuscole pertanto è possibile usare qualsiasi tra le seguenti dichiarazioni:

```
<!DOCTYPE html>
```

```
<!DocType html>
```

```
<!Doctype html>
```

```
<!doctype html>
```

La maggior parte dei browser possono visualizzare la tua pagina anche se non usi la dichiarazione, ma altri browser potrebbero riscontrare dei problemi, quindi è sempre meglio prevenire che curare.

L'importanza di <head>

Ogni pagina HTML ha bisogno di un titolo descrittivo che aiuti un visitatore a capire a colpo d'occhio perché la pagina esiste. Il titolo della pagina dovrebbe essere conciso, ma informativo. Il titolo del documento non viene effettivamente visualizzato all'interno della finestra del browser. La maggior parte dei browser visualizza il titolo della pagina come titolo della scheda o, se è presente solo una scheda aperta, come titolo della finestra del browser.

I motori di ricerca utilizzano i contenuti del tag <title> quando elencano le pagine Web in risposta ad una ricerca. Il titolo della tua pagina potrebbe essere la prima cosa che i tuoi visitatori leggeranno sulla tua pagina Web, soprattutto se giungeranno tramite i loro motori di ricerca preferiti. Molto probabilmente la tua pagina verrà elencata (in base al titolo) con molti altri siti Web in una pagina del motore di ricerca. Con un titolo accattivante e curato è possibile attirare l'attenzione del tuo pubblico e fargli scegliere la tua pagina rispetto alle altre. Infatti, dopo aver creato ed avviato il tuo sito, devi assicurarti che il resto del mondo lo visiti. A che serve un sito se nessuno lo visita? A questo ci pensano i motori di ricerca anche detti **crawler**, che semplicemente vagano sul Web raccogliendo informazioni sulle pagine. Ogni motore di ricerca funziona in modo diverso e raccoglie informazioni diverse su una determinata pagina Web, ma in generale analizza l'URL, il titolo della pagina (dall'elemento <title>) e spesso l'intero testo della pagina. Se si fornisce al motore di ricerca l'URL di livello superiore, il motore esegue la ricerca per indicizzazione da quell'URL a tutte le pagine del sito a cui si collega e ogni pagina a cui si collegano tali pagine, in questo modo continua fino a quando non avrà inserito in un database l'intero sito. Quando qualcuno cerca delle parole chiave sul Web, il motore di ricerca confronta la sua ricerca con le informazioni del database ed elenca più in alto i risultati più rilevanti. Questo significa che il modo migliore per aiutare le persone a trovarti è assicurarsi che la tua pagina contenga del testo di qualità (e non contenuto nelle immagini perché i motori di ricerca non possono leggerlo).

È fondamentale, quindi, che le informazioni sulla tua pagina siano chiare e il più conciso possibile. Fai un passo indietro e pensa a quali termini useresti per cercare la tua pagina, e assicurati che quelle parole siano presenti nella tua homepage. Ad esempio, se stai creando un sito per un hotel, assicurati che siano presenti delle parole chiave come hotel, vacanza e magari la località.

I metadati

Il termine metadati si riferisce ad informazioni sui dati e sono usati per includere:

- parole chiave
- una descrizione della tua pagina
- informazioni sull'autore della pagina
- il software che hai usato per creare la pagina

Usa l'elemento <meta> e gli attributi name e content per definire ogni parte di metadata per la tua pagina HTML. Ad esempio, i seguenti elementi creano un elenco di parole chiave e una descrizione per un sito di un'azienda specializzata in consulenza:

<!DOCTYPE html>

<html>

<head>

<title>**Azienda di consulenza**</title>

<meta name="**keywords**" content="**Consulenza Web, reti, programmazione e software**">

<meta name="**description**" content="**Panoramica dei servizi offerti e delle skills**">

</head>

</html>

Anche se potresti non voler impiegare del tempo per includere i metadati nella tua pagina, assicurati di includere parole chiave e una descrizione della pagina. Questi due elementi di metadati sono i più usati dai motori di ricerca perché le parole chiave aiutano i motori a catalogare la tua pagina in modo più preciso; molti motori visualizzano la tua descrizione insieme al titolo della pagina, che offre ai potenziali visitatori più di informazioni sul tuo sito, incentivando l'utente a visitarlo.

È possibile utilizzare i metadati nell'intestazione per inviare messaggi ai browser Web su come devono visualizzare o gestire la pagina Web. Spesso l'elemento <meta> viene utilizzato in questo modo per reindirizzare automaticamente i visitatori da una pagina ad un'altra pagina. Potresti aver visto questo meccanismo con pagine che sono state *spostate* altrove. In alcune pagine ti viene indicato di attendere qualche secondo per essere indirizzato in modo automatico alla nuova posizione. Puoi utilizzare l'elemento <meta> per inviare messaggi al browser con l'attributo http-equiv al posto dell'attributo name. Esiste un elenco predefinito di valori che rappresenta le istruzioni per il browser e questi valori si basano su istruzioni che è anche possibile inviare a un browser nell'intestazione HTTP. Tuttavia, modificare l'intestazione HTTP per un documento è più difficile che incorporare le istruzioni nella stessa pagina Web. Per indicare a un browser di reindirizzare gli utenti da una pagina all'altra, utilizzare l'elemento <meta> con l'attributo http-equiv con il valore di aggiornamento (*refresh*) ed un valore per il contenuto che specifica quanti secondi prima dell'aggiornamento e quale URL si desidera raggiungere. Ad esempio, questo elemento <meta> crea un aggiornamento che passa a www.google.it dopo 5 secondi:

<meta http-equiv="**refresh**" content="**5; url= http://www.google.it/**">

È possibile utilizzare l'attributo http-equiv con l'elemento <meta> per una varietà di altri scopi, tra cui impostare una data di scadenza per una pagina, specificare il set di caratteri (ovvero la lingua) utilizzata dalla pagina e tanto altro. Per brevità non approfondiamo questo tema ma sappi puoi utilizzare un motore di ricerca per scoprire qualcosa in più.

Creare il "corpo"

Dopo aver impostato l'intestazione della pagina, dopo aver creato un titolo e definito alcuni metadati, sei pronto per creare l'HTML e il contenuto che verranno visualizzati in una finestra del browser. L'elemento <body> contiene tutto il contenuto e il markup che non sono stati definiti nell'intestazione. In generale, se qualcosa deve essere visibile nella finestra del tuo browser, inseriscilo nell'elemento <body>.

Ecco una definizione di un blocco di testo: si tratta di una parte di contenuto che può essere racchiuso in più righe in un elemento HTML. Abbiamo già detto che il contenuto visibile della tua pagina Web deve essere racchiuso all'interno dell'elemento <body> sulla tua pagina quindi, in sostanza, la tua pagina HTML è una gigantesca raccolta di blocchi di testo. Alcuni elementi HTML sono progettati per descrivere blocchi di testo mentre altri sono progettati per descrivere alcune parole o righe di contenuto trovate all'interno di quei blocchi (come gli elementi per la formattazione del testo). HTML riconosce diversi tipi di blocchi di testo che potresti voler usare nel tuo documento, inclusi (ma non limitati a):

- Paragrafi
- Intestazioni
- Blocchi per le citazioni
- Liste
- Tabelle
- Form o moduli

Questo elenco serve per darti un'idea su quali sono etichettati come blocchi di testo in HTML.

I paragrafi vengono utilizzati maggiormente nelle pagine Web rispetto a qualsiasi altro tipo di blocco di testo. Per etichettare un paragrafo, è sufficiente posizionare il contenuto in un elemento <p>. Ecco come appare l'esempio precedente in cui abbiamo usato diversi paragrafi:

Caro Filippo,

è passato un po' di tempo da quando siamo venuti a trovarti in Canada e da allora non ho più avuto un attimo di tempo per scriverti. Purtroppo sono stato molto impegnato a lavoro infatti spesso ho dovuto fare dei turni di notte e straordinario.

Adesso che la situazione è migliorata sono contento di aver trovato il tempo per scriverti e mi auguro che tu stia bene.

Tantissimi saluti da noi,
Antonio Rossi

Questa pagina HTML include tre paragrafi, ognuno contrassegnato da un elemento <p>. La maggior parte dei browser Web aggiunge un'interruzione di riga e una riga intera di spazio bianco dopo ogni paragrafo della pagina, come mostrato nell'immagine precedente.

Le intestazioni o titoli vengono comunemente utilizzate per suddividere un documento in sezioni. Questo e-book, ad esempio, utilizza titoli e sottotitoli per dividere ogni capitolo in sezioni e puoi fare lo stesso con la tua pagina Web. Oltre a creare una struttura organizzativa, i titoli forniscono ai lettori degli indizi visivi su come sono raggruppati i diversi contenuti. HTML include sei diversi elementi per aiutarti a definire sei diversi livelli di intestazione nei tuoi documenti.

Ogni browser ha un modo diverso per visualizzare questi diversi livelli di titolo ma la maggior parte dei browser utilizza una dimensione diversa tra loro. Si parte dalle intestazioni di primo livello <h1> che sono le più grandi fino a raggiungere le intestazioni di sesto livello <h6> che sono le più piccole, passando per <h2>, <h3>, <h4>, <h5>. Nell'esempio precedente abbiamo usato solo una intestazione che è proprio l'*incipit* della nostra lettera.

In genere, i browser racchiudono qualsiasi testo che appare in elementi di blocco come paragrafi e titoli; se il testo raggiunge la fine di una finestra del browser, non si ha molto controllo su dove terminerà una riga.

Se non ti preoccupi degli spazi nel tuo contenuto, puoi sempre trasformare un paragrafo in due - ma potresti non volere la linea aggiuntiva di spazio bianco che la maggior parte dei browser include dopo ogni paragrafo. Quindi cosa possiamo fare?

Il modo migliore per specificare che hai raggiunto la fine di una riga in un paragrafo, ma non sei pronto per creare un nuovo paragrafo, è utilizzare un'interruzione di linea, indicata dall'elemento <br>. Questo tag è l'equivalente HTML del ritorno "a capo" che usi nei paragrafi e in altri blocchi di testo quando scrivi un documento. Ogni volta che un browser vede <br>, interrompe il testo e passa alla riga successiva. Se hai in

mente di creare un sito per poesie, userai spesso questo elemento.
Facciamo qualche esempio:

La pioggia nel pineto

Taci. Su le soglie
del bosco non odo
parole che dici
umane; ma odo
parole più nuove
che parlano gocciole e foglie
lontane.
Ascolta. Piove
dalle nuvole sparse.

Il codice necessario per creare questa pagina con una parte della poesia originale è il seguente:

```
<!DOCTYPE html>

<html>

<head>

<title>La pioggia nel pineto</title>

</head>

<body>

<h1>La pioggia nel pineto</h1>

<p>Taci. Su le soglie<br>
```

```
del bosco non odo<br>

parole che dici<br>

umane; ma odo<br>

parole più nuove<br>

che parlano gocciole e foglie<br>

lontane.<br>

Ascolta. Piove<br>

dalle nuvole sparse.

</p>

</body>

</html>
```

Talvolta può risultare utile spezzare il discorso, fare una digressione, cambiare argomento pertanto è utile un elemento visivo per questo scopo.

L'elemento <hr> ti aiuta a includere delle linee rette nella tua pagina per usarle dove preferisci. Se vuoi dividere la tua pagina in sezioni logiche (o semplicemente separare le intestazioni e i piè di pagina dal resto della pagina), una linea orizzontale è una buona opzione.

Gli utenti non devono attendere il download di un questo elemento grafico perché non fa riferimento ad un'immagine.

Quando includi un elemento <hr> nella tua pagina, come nel seguente HTML, il browser lo sostituisce con una riga.

La pioggia nel pineto

Taci. Su le soglie
del bosco non odo
parole che dici
umane; ma odo
parole più nuove
che parlano gocciole e foglie
lontane.
Ascolta. Piove
dalle nuvole sparse.

Il codice necessario per questa pagina è il seguente:

```
<!DOCTYPE html>

<html>

<head>

<title>La pioggia nel pineto</title>

</head>

<body>

<h1>La pioggia nel pineto</h1>

<hr>
```

```
<p>Taci. Su le soglie<br>

del bosco non odo<br>

parole che dici<br>

umane; ma odo<br>

parole più nuove<br>

che parlano gocciole e foglie<br>

lontane.<br>

Ascolta. Piove<br>

dalle nuvole sparse.

</p>

</body>

</html>
```

Un altro elemento importante per le nostre pagine sono le liste, ovvero, dei potenti strumenti per raggruppare elementi simili e offrire ai visitatori del sito un modo semplice per approfondire gruppi di informazioni. Puoi inserire qualsiasi cosa in un elenco: da una serie di istruzioni a una raccolta di collegamenti ipertestuali, anche una serie di immagini.

I tipi di liste più usati sono gli elenchi puntati e gli elenchi numerati e, a differenza degli altri elementi di markup che abbiamo incontrato, gli elenchi sono un po' più complessi in quanto usano una combinazione di elementi - almeno due componenti. Una componente serve al browser per definire l'inizio dell'elenco e il tipo di elenco desiderato, un'altra componente indica al browser l'inizio e la fine di ogni oggetto dell'elenco. Gli elenchi sono facili da creare dopo aver imparato ad usare le combinazioni di elementi di markup.

Iniziamo con gli elenchi numerati, essi sono composti da uno o più elementi, ciascuno preceduto da un numero. Di solito, quando gli elenchi sono numerati l'ordine degli articoli è importante. Bisogna usare l'elemento <ol> per specificare che stai creando un elenco numerato e un elemento <li> per contrassegnare ciascuna riga nell'elenco. Questa porzione di codice definisce un elenco numerato di quattro elementi:

```
<!DOCTYPE html>

<html>

<head>

<title>Lista ordinata</title>

</head>

<body>

<h1>Cose da fare oggi</h1>

<ol>

<li>Preparare il bucato</li>

<li>Dare il cibo al cane</li>

<li>Fare la spesa</li>
```

```
<li>Preparare il pranzo</li>

</ol>

</body>

</html>
```

Questo codice viene interpretato così dal browser:

Cose da fare oggi

1. Preparare il bucato
2. Dare il cibo al cane
3. Fare la spesa
4. Preparare il pranzo

È possibile utilizzare due diversi attributi con l'elemento <ol> per controllare la visualizzazione di un determinato elenco:

- *start*: specifica con quale numero deve iniziare l'elenco, il numero iniziale predefinito è 1, ma se si interrompe un elenco con un paragrafo o un altro elemento di blocco e si desidera recuperarlo in un secondo momento, è possibile specificare qualsiasi numero come numero iniziale per il nuovo elenco.

- *type*: specifica lo stile di numerazione dall'elenco e lo stile predefinito usa i numeri decimali. Puoi scegliere tra cinque stili di numerazione predefiniti:

- ◦ 1: numeri decimali
- ◦ a: lettere minuscole
- ◦ A: lettere maiuscole
- ◦ i: numeri romani minuscoli
- ◦ I: numeri romani maiuscoli

Riprendendo l'esempio abbiamo visto che ha senso che queste operazioni siano in ordine perché, magari, prima di uscire di casa per fare la spesa (punto 3) si vuole preparare il bucato e dare il cibo al cane.

Se queste operazioni possono anche essere svolte in ordine diverso e l'essenziale è che vengano svolte, possiamo riadattare il nostro codice. Adesso rielaboriamo l'esempio precedente eliminando l'informazione dell'ordine degli elementi, la struttura resterà uguale ma dovremo solo cambiare un elemento ovvero passeremo da <ol> a <ul>. Il nome di tutti gli elementi deriva dall'inglese e, in genere, è l'abbreviazione di quello che si vuole creare. <ol> è l'abbreviazione di *Ordered List* ovvero lista ordinata, <ul> indica *Unordered List* ovvero lista non ordinata.

Riprendiamo l'esempio precedente eliminando l'ordine dagli elementi:

```
<!DOCTYPE html>

<html>

<head>

<title>Lista ordinata</title>

</head>
```

```html
<body>

<h1>Cose da fare oggi</h1>

<ul>

<li>Preparare il bucato</li>

<li>Dare il cibo al cane</li>

<li>Fare la spesa</li>

<li>Preparare il pranzo</li>

</ul>

</body>

</html>
```

Come puoi notare la struttura è rimasta la stessa e, cambiando un solo tag, otterremo questa lista:

Cose da fare oggi

- Preparare il bucato
- Dare il cibo al cane
- Fare la spesa
- Preparare il pranzo

Le liste sono delle strutture molto flessibili e utili in diversi contesti ma hanno anche una funzione visiva importante. Gli elenchi HTML hanno la funzione di interrompere la visualizzazione "piatta" della tua pagina, aggiungendo una profondità orizzontale ad essa. Puoi fare un ulteriore passo in avanti con tali elenchi per raggruppare un gran numero di elementi correlati annidando degli elenchi, per creare delle sottocategorie per esempio. Gli elenchi annidati sono molto usati per le mappe di un sito, per creare menu all'interno di menu, per creare i sommari dei libri e tanto altro.

I link

Creare pagine interattive

I collegamenti ipertestuali anche detti **link** collegano le risorse sul Web. Quando includi un link nella tua pagina, offri agli utenti la possibilità di passare dalla tua pagina ad un'altra del Web, da qualche altra parte del tuo sito o persino da qualche altra parte nella stessa pagina. Senza collegamenti, la tua pagina è indipendente, scollegata dal resto del Web ma con i collegamenti, diventa parte di una raccolta potenzialmente illimitata di informazioni.

Per creare un collegamento ipertestuale, sono necessari tre elementi: l'indirizzo Web (chiamato Uniform Resource Locator o **URL**) a cui si desidera collegarsi; il testo nella tua pagina Web a cui agganciare il link e un tag di tipo <a>. Di solito, il testo a cui si aggancia un collegamento descrive la risorsa da collegare. Un elemento <a> serve proprio a collegare il tutto. L'elemento che usi per creare collegamenti è chiamato elemento di "ancoraggio" perché lo usi per ancorare un URL al testo sulla tua pagina. Quando un utente visualizza la tua pagina in un browser, può fare clic sul testo per attivare il collegamento e passare alla pagina di cui hai specificato l'URL nel collegamento.

Supponi di avere una pagina Web con delle ricette di cucina suddivise per portata, ingredienti o difficoltà. Potresti mostrare tutte le ricette in un'unica pagina ma essa diventerebbe molto grande comportando un caricamento lento e una difficile manutenzione della pagina stessa. Per ovviare a questo problema potresti creare un semplice elenco in base alla categoria scelta con tutti i collegamenti alle ricette che ritieni opportune per quella categoria.

Facciamo un esempio di questo tipo:

```html
<!DOCTYPE html>

<html>

<head>

<title>Ricette buonissime</title>

</head>

<body>

<h1>Ricette di cucina</h1>

<ul>

<li>

<a href="antipasti.html">ANTIPASTI</a>

</li>

<li>

<a href="primi.html">PRIMI PIATTI</a>

</li>

<li>
```

```html
<a href="secondi.html">SECONDI PIATTI</a>

</li>

<li>

<a href="contorni.html">CONTORNI</a>

</li>

<li>

<a href="dolci.html">DOLCI</a>

</li>

<li>

<a href="unici.html">PIATTI UNICI</a>

</li>

</ul>

</body>

</html>
```

Il risultato sarà un elenco di collegamenti come questo:

Ricette di cucina

Nel codice di questo esempio abbiamo usato più elementi <a> con l'attributo href che, consente di effettuare il collegamento con la pagina a cui vogliamo puntare. Con questo tipo di elemento puoi creare un link con una grande varietà di risorse online. Puoi creare collegamenti ad altre pagine HTML (sul tuo sito Web o su un altro sito Web), creare collegamenti a posizioni diverse nella stessa pagina HTML o a risorse che non sono nemmeno pagine HTML (come indirizzi e-mail, immagini e file di testo).

Il tipo di collegamento che si crea dipende dal link: un collegamento assoluto utilizza un **URL assoluto** per connettere i browser a una pagina Web o risorsa online esterna. I collegamenti che utilizzano un URL assoluto per puntare a una risorsa sono etichettati come assoluti perché forniscono un puntamento completo ed autonomo ad un'altra risorsa Web. Quando si collega a una pagina su un sito Web esterno, il browser Web necessita di tutte le informazioni nell'URL per consentirgli di trovare la pagina. Il browser inizia dal dominio nell'URL e si fa strada attraverso il percorso per raggiungere un file specifico.

Quando si collega a file sul sito di qualcun altro, è sempre necessario utilizzare URL assoluti nell'attributo href dell'elemento <a>. Un collegamento relativo utilizza un **URL relativo** alla risorsa a cui si sta puntando. Si creano collegamenti relativi tra risorse nello stesso dominio proprio per questo, è possibile omettere le informazioni sul dominio dall'URL. Un URL relativo utilizza la posizione della risorsa da cui si sta collegando per identificare la posizione della risorsa a cui ci si sta collegando.

Per la nostra pagina del sito di ricette abbiamo utilizzato tutti URL relativi perché ci saranno altre sezioni del sito Web a cui facciamo riferimento.

<a href="**primi.html**">**PRIMI PIATTI**</a>

Quando un browser rileva questo tipo di collegamenti e rileva che il collegamento non include un nome di dominio, il browser presuppone che il collegamento sia relativo ed utilizza il dominio ed il percorso della pagina di collegamento http://www.iltuosito.it come guida per trovare la pagina collegata primi.html.

Man mano che il tuo sito diventa più complesso e organizzi i tuoi file in una varietà di cartelle, puoi comunque utilizzare i collegamenti relativi. Tuttavia, devi fornire alcune informazioni aggiuntive nell'URL per aiutare il browser a trovare i file che non sono memorizzati nella stessa directory del file da cui stai effettuando il collegamento. Devi utilizzare il prefisso "../" (due punti e una barra) prima del nome del file per indicare che il browser dovrebbe salire di un livello nella struttura della directory. In questo modo indichi al browser di spostarsi alla cartella superiore dalla cartella in cui è archiviato il documento con il link, deve accedere alla cartella chiamata *categorie* e quindi trovare un file chiamato *primi.html*.

Il markup per questo processo è simile al seguente:

<a href="../**categorie/primi.html**">**PRIMI PIATTI**</a>

Quando crei un collegamento relativo, la posizione del file a cui vuoi puntare è sempre relativa al file da cui stai puntando. Tuttavia, alcuni editor avanzati dispongono della funzionalità di auto-completamento in modo da suggerirti in base a quello che scrivi quello che potresti cercare. Con questa funzionalità non devi preoccuparti di chiudere tag o virgolette, di cercare la pagina con il percorso corretto, perché l'editor se ne occuperà per te.

Ogni sito, pagina, immagine o altra risorsa sul Web ha un proprio URL univoco e, purtroppo, basta una lettera errata nel tuo URL per creare un link non funzionante. I collegamenti errati portano a una pagina di errore quindi per creare gli URL bisogna prestare molta attenzione se non vuoi rischiare di avere URL non funzionanti anche detti **broken link**. Se hai un URL che non funziona, prova queste tattiche per risolvere il problema:

- Controlla maiuscole/minuscole
- Controlla l'estensione
- Controlla il nome del file
- Copia e incolla l'URL funzionante

Alcuni server Web, in particolare Linux e Unix, fanno distinzione tra maiuscole e minuscole. Pertanto, i server trattano i file *Pagina.html* e *pagina.html* come due file diversi sul server Web. Ciò significa anche che i browser devono utilizzare lettere maiuscole e minuscole quando necessario. Assicurati di rispettare le lettere maiuscole e minuscole nell'URL che stai utilizzando e che funzioni in un browser Web.

Presta attenzione all'estensione del file, se punti ad un'immagine *JPEG*, ad esempio, devi assicurarti che l'estensione sia corretta poiché è possibile avere *.jpg* o *.jpeg*.

Ad ogni modo, per evitare tutti questi problemi, soprattutto con URL assoluti puoi semplicemente copiare e incollare l'URL all'interno dell'attributo href.

Qualcosa in più

Puoi andare oltre un semplice link quando ti colleghi ad altre pagine Web: puoi creare collegamenti che indirizzino i browser ad aprire documenti in nuove finestre, collegamenti a posizioni specifiche all'interno di una pagina Web e collegamenti ad elementi diversi dalle pagine HTML, come PDF, file compressi, documenti di elaborazione testi e tanto altro.

Il Web funziona perché è possibile collegare pagine del proprio sito Web a pagine di siti Web di altre persone con la semplice aggiunta di un elemento <a>. Tuttavia, quando ti colleghi al sito di qualcun altro, stai inviando gli utenti fuori dal tuo sito e non hai alcuna garanzia che possano tornare indietro, perdendo visitatori. Un approccio sempre più comune per collegare gli utenti ad altri siti senza "perderli" consiste nell'utilizzare HTML che indica al browser di aprire la pagina collegata in una nuova finestra. Questo è possibile tramite l'aggiunta dell'attributo target all'elemento <a>, così il browser non aprirà il link nella finestra corrente ma in una nuova.

<a href="**www.piatti.it**" target="**_blank**">**Scopri la nuova collezione di piatti**</a>

Questa tecnica è davvero ottima infatti puoi collegarti a una risorsa che non è nel tuo sito senza realmente mandare i tuoi utenti fuori dal sito. Tuttavia, quando una nuova finestra viene visualizzata sullo schermo di un utente, può provocare fastidio quindi usa questa tecnica con cura e parsimonia, altrimenti i tuoi utenti non visiteranno più il tuo sito. Un esempio di questo tipo avviene con le pubblicità, infatti, sempre più siti la incorporano e qualcuno esagera, mostrando più pubblicità che si aprono in nuove finestre. Questo approccio risulta controproducente perché distoglie l'attenzione del visitatore dai contenuti che cerca e quindi, probabilmente, non visiterà più il sito.

Per creare dei link efficaci è possibile rimandare direttamente ad una sezione del sito, probabilmente hai già incontrato questo tipo di link quando hai raggiunto la fine di una pagina e hai trovato un pulsante con scritto "Torna all'inizio". Questo non è l'unico caso in cui ti può tornare utile un collegamento all'interno della stessa pagina. Immagina una pagina Wikipedia riguardo un attore, di solito è presente una biografia, qualcosa sulla sua vita privata, filmografia, premi e nomination. Immaginiamo di leggere l'introduzione e di voler saltare direttamente alla biografia, ti basterà un click per farlo. Creiamo una nostra pagina in stile Wikipedia:

Tom Cruise

- Biografia
- Vita privata
- Filmografia
- Premi e nomination

Biografia

Nacque il 3 luglio 1962 a Syracuse, New York, figlio di Mary Lee Pfeiffer, un'insegnante di educazione fisica, e di Thomas Cruise Mapother III, un ingegnere elettronico morto di cancro nel 1984; i suoi genitori divorziarono quando lui aveva 11 anni.

Vita privata

Per verificare il funzionamento dei link creati ti consiglio ti ridurre le dimensioni della finestra del browser in modo che si abiliti lo scorrimento. In questo modo cliccando su un link il browser si posizionerà esattamente sulla porzione che ti interessa.

Ecco il codice della pagina:

```html
<!DOCTYPE html>

<html>

<head>

<title>Tom Cruise</title>

</head>
```

```html
<body>
<h1>Tom Cruise</h1>
<ul>
<li>
<a href="#biografia">Biografia</a>
</li>
<li>
<a href="#vita_privata">Vita privata</a>
</li>
<li>
<a href="#filmografia">Filmografia</a>
</li>
<li>
<a href="#premi">Premi e nomination</a>
</li>
</ul>
<div id="biografia">
<h2>Biografia</h2>
```

```
<p>Nacque il 3 luglio 1962 a Syracuse, New York, figlio di
Mary Lee Pfeiffer, un'insegnante di educazione fisica, e di
Thomas Cruise Mapother III, un ingegnere elettronico
morto di cancro nel 1984; i suoi genitori divorziarono
quando lui aveva 11 anni.</p>

</div>

<div id="vita_privata">

<h2>Vita privata</h2>

<p>Il 9 maggio 1987 si sposò una prima volta con l'attrice
Mimi Rogers. Seguace della religione di Scientology, è molto
probabile che fu proprio Rogers a convincere il consorte ad
aderire a questo credo, scelta questa che Cruise confermò
anche dopo il divorzio, avvenuto il 4 febbraio del 1990.</p>

</div>

<div id="filmografia">

<h2>Filmografia</h2>

<ul>

<li>Top Gun: Maverick, regia di Joseph Kosinski
(2020)</li>

<li>Mission: Impossible - Fallout, regia di Christopher
McQuarrie (2018)</li>

</ul>

</div>
```

```
<div id="premi">

<h2>Premi e nomination</h2>

<ul>

<li>2000 - Miglior attore non protagonista per Magnolia</li>

<li>1997 - Miglior attore in un film commedia o musicale per Jerry Maguire</li>

</ul>

</div>

</body>

</html>
```

Come puoi notare sono tutti elementi che conosciamo già, l'unica novità consiste nell'attributo id che ci consente di agganciare un link all'interno della stessa pagina. Il funzionamento è lo stesso anche se vuoi creare un link ad una sezione di un altro sito, basterà trovare un id ed il gioco è fatto. Modifichiamo la nostra pagina per puntare alla biografia di Wikipedia per esempio:

```
<a href="https://it.wikipedia.org/wiki/Tom_Cruise#Biografia">Biografia</a>
```

Poiché devi definire un punto a cui "ancorarti" prima di poterti collegare ad esso, scoprirai che i link di questo tipo funzionano al meglio sul tuo sito dove tu stesso crei e controlli il markup.

Tuttavia, se ti capita di sapere che una pagina sul sito di qualcun altro ha già dei punti contrassegnati, puoi usare un URL assoluto per puntare a quel punto come abbiamo fatto per la biografia di Wikipedia.

Attenzione, usa con cautela questa tecnica! Quando si creano dei link a sezioni sul sito Web di qualcun altro, non hai il controllo del loro sito. Non sai se e quando qualcuno rielaborerà il markup e il contenuto di una pagina quindi i collegamenti si interromperanno se il progettista del sito rimuovesse l'id che hai usato. Assicurati di controllare regolarmente tutti i tuoi link per rilevare ed eventualmente correggere i collegamenti interrotti.

Un altro utilizzo importante per l'elemento <a> riguarda il link a un indirizzo e-mail, così come si può creare un link ad un'immagine, un pdf ecc. È fondamentale usare il prefisso mailto:, per assicurarsi che il browser possa interpretarlo nel modo corretto:

```
<p>Inviaci                        un                        <a
href="mailto:pippo@gmail.com">feedback</a>!</p>
```

Questo modo è davvero utile perché permette di aprire l'applicazione di default del dispositivo o, se non impostata, consente di far scegliere all'utente con quale applicazione scrivere l'e-mail. Serve per aiutare gli utenti ad inviarti e-mail per una richiesta o un problema, soprattutto in ambito mobile è davvero utile per raccogliere feedback o segnalazioni.

Anche se questo modo sembra fantastico, purtroppo non è tutto oro quel che luccica infatti i collegamenti mailto contenuti in una pagina Web sono una delle principali fonti di indirizzi e-mail per i sistemi di spam. Se scegli di utilizzare un collegamento e-mail per consentire agli utenti di contattarti, prendi in considerazione la creazione di un indirizzo e-mail dedicato soltanto ai feedback o alle richieste del sito. Puoi separare i messaggi che ricevi a questo indirizzo dalla tua posta personale o di altro tipo, in modo da poter filtrare più facilmente la posta indesiderata.

Bisogna prestare attenzione al design del sito anche detto **UI** (User Interface) in modo da offrire agli utenti tutti gli strumenti di cui hanno bisogno per spostarsi sul tuo sito con il minimo sforzo. Per navigare molto probabilmente userai degli elementi <a>. Se il tuo sito è difficile da navigare, pieno di testo che lampeggia e con colori stravaganti, probabilmente i tuoi visitatori non vi accederanno più di una volta. Al contrario, se la navigazione del tuo sito è intuitiva, usi immagini e contenuti multimediali per accentuare il tuo design senza essere eccessivo, fai tutto il possibile per aiutare il visitatore ad individuare le informazioni che sta cercando, allora avrai creato un'interfaccia utente solida e hai più chance di ottenere visitatori "abituali".

Le immagini

Sebbene tempo fa il Web fosse un luogo pieno di testo in cui le immagini ricoprivano solo un ruolo di supporto, oggi le cose sono molto diverse. I progettisti di pagine Web usano il testo e le immagini allo stesso modo per fornire informazioni importanti, guidare l'utente nel sito e, naturalmente, contribuiscono al design generale di una pagina. Le immagini sono un'arma potente nel tuo arsenale di progettazione Web, ma devi usarle con cura e in modo corretto o rischi di ridurne l'efficacia. Se usate bene, infatti, le immagini sono un elemento chiave del design della vostra pagina. Se usate male, possono rendere la tua pagina illeggibile, inaccessibile o troppo pesante.

Una domanda ricorrente per le immagini riguarda il formato corretto da scegliere. Approfondiamo questo aspetto per capirne qualcosa in più.

Il formato giusto

Esistono molti modi diversi per creare e salvare le immagini, ma se sono dedicate al Web sono necessari alcuni passaggi intermedi. Quando lavori per creare immagini compatibili con il Web, devi tenere conto di due fattori: il **formato** del file e la **dimensione** del file. Innanzitutto, è necessario creare immagini che chiunque possa visualizzare, con qualsiasi browser e (quasi) con qualsiasi versione del browser. Ciò significa che è necessario utilizzare formati di file che possano essere visualizzati sia da utenti Windows, Mac OS, Linux così come da smartphone e tablet. Questo non è un aspetto banale perché esistono sempre nuovi formati con compressioni migliori ma non compatibili con tutti i dispositivi ad esempio il formato *webP* che è compatibile solo con Google Chrome.

Escludendo i formati non compatibili riusciamo a trovarne solo 4 appropriati al nostro scopo:

- JPEG
- PNG
- GIF
- SVG

JPEG è un formato di file che supporta colori a 24 bit (milioni di colori) e di conseguenza immagini più complesse, come le fotografie. JPEG è sia multipiattaforma che indipendente dall'applicazione, così come GIF. Offre un tipo di compressione per rendere le immagini più piccole e un buon strumento di modifica delle immagini che può aiutarti a modificare il livello di compressione che usi in modo da poter trovare il bilanciamento ottimale tra qualità dell'immagine e dimensione dell'immagine stessa. Un'immagine troppo piccola sarebbe perfetta per la velocità della nostra pagina ma non sarebbe gradevole ai nostri utenti perché sgranata.

PNG ti permette di avere immagini con milioni di colori - proprio come JPEG - ma offre anche la possibilità di preservare la trasparenza. Poiché PNG è un tipo di file in formato **lossless** (senza perdita di qualità), è probabile che si ottengano file di dimensioni maggiori, ma se la qualità dell'immagine è più importante della dimensione del file, PNG è l'opzione migliore. Esistono comunque dei software o siti Web come TinyPNG.com che possono spesso fare una grande differenza per le dimensioni del file.

Il formato GIF è un tipo di formato che, a differenza di JPEG o PNG, è limitato ad una tavolozza massima di 256 colori. In sostanza ogni immagine GIF contiene una "scatola di colori" preimpostata e non c'è modo di mescolare veramente quei colori per crearne di nuovi. Nonostante 256 colori potrebbero sembrare molti con cui lavorare, le fotografie complesse hanno in genere molte migliaia di colori. Immagina di dover dipingere un tramonto con pochi colori e senza creare sfumature, il risultato potrebbe non essere molto gradevole. Questa gamma di colori viene persa durante il processo di conversione GIF e questo è il motivo principale per cui non bisogna utilizzare GIF per le foto a colori. Quel limite di 256 colori, però, può aiutare a mantenere ridotte le dimensioni dei file, che è utile anche per le connessioni ad Internet più lente. GIF è molto usato le animazioni semplici, piccole icone e immagini con pochi colori come loghi e bandiere.

SVG è un formato **vettoriale** che sta diventando un'opzione attraente per i progettisti di Web e UI. SVG è completamente diverso dagli altri formati di immagine che abbiamo elencato infatti è adatto alla visualizzazione di loghi, icone, mappe, bandiere, grafici e altri elementi grafici creati in applicazioni di grafica vettoriale come Illustrator, Sketch e Inkscape. Si tratta di un file scritto in un markup basato su XML, infatti, può essere modificato in qualsiasi editor di testo e modificato da JavaScript o CSS. Poiché i vettori possono essere ridimensionati in qualsiasi dimensione mantenendo la qualità dell'immagine nitida, sono ideali per un design reattivo e che si adatti facilmente ad ogni dimensione dello schermo senza perdere qualità.

Immagini in pagina

Dopo aver creato un'immagine, averla ottimizzata con il formato appropriato, è necessario utilizzare il markup corretto per assicurarsi che l'immagine venga aggiunta alla pagina. L'elemento <img> è un **elemento vuoto**, a volte chiamato **tag singleton**, che posizioni nella pagina proprio dove desideri che l'immagine venga posizionata. Un elemento vuoto ha solo un tag di apertura e nessun tag di chiusura.

```
<img src="paesaggio.jpg">
```

L'attributo src è molto simile all'attributo href che usi con un elemento <a>. L'attributo src specifica l'URL per l'immagine che si desidera visualizzare sulla pagina. L'esempio precedente punta a un file di immagine che si trova nella stessa cartella del file HTML a cui fa riferimento, quindi l'URL è relativo. Scoprirai che la maggior parte dei tuoi collegamenti alle immagini sono relativi solo perché di solito i file di immagini sono memorizzati sul tuo sito. Ricorda di creare collegamenti relativi tra risorse (come una pagina Web e le immagini) se si trovano sullo stesso sito Web.

Esistono tre validi motivi per collegare le immagini al tuo sito:

- Quando le immagini vengono archiviate sul tuo sito, hai il controllo completo su di esse. Sai che non spariranno, non cambieranno e puoi lavorare per ottimizzarle;
- Se ti colleghi ad immagini sul sito di qualcun altro,

quel sito potrebbe avere un problema o essere incredibilmente lento e tu non avresti alcun controllo;

- Se ti colleghi ad immagini sul sito di qualcun altro, si potrebbero violare i diritti relativi al copyright e questo è illegale.

A questo punto introduciamo un attributo fondamentale non solo per noi ma anche per gli ipovedenti che comunque possono consultare i siti Web. Sebbene la maggior parte dei tuoi utenti vedrà le tue immagini, dovresti sempre essere preparato per coloro che non lo faranno. HTML richiede che tu fornisca un testo alternativo che descriva ogni immagine della tua pagina. Utilizza l'attributo alt con l'elemento <img> per aggiungere queste informazioni al markup.

<img src="**paesaggio.jpg**" alt="**panorama delle colline toscane**">

In genere ogni sito Web viene analizzato da un **crawler** ovvero un software che esamina il testo, la struttura e molto altro per conto dei motori di ricerca. Questo è fondamentale per l'ottimizzazione dei contenuti anche detto **SEO**, infatti, i motori di ricerca promuovono i siti strutturati meglio posizionandoli nelle prime posizioni. Purtroppo, i crawler non possono "vedere" le immagini poiché si tratta di software e, per svolgere al meglio il proprio lavoro, si affidano anche all'attributo alt.

Sino ad ora abbiamo visto come si include un'immagine, ma cosa sappiamo riguardo le dimensioni?

Puoi utilizzare gli attributi width e height con l'elemento <img> per far sapere al browser quanto deve essere larga e alta un'immagine. Il valore è espresso in **pixel** ovvero la più piccola unità della superficie di un'immagine digitale. Un insieme di pixel, accostati tra loro, formano una griglia di pixel ovvero un'immagine.

```
<img src="paesaggio.jpg" alt="panorama delle colline toscane" width="640" height="480">
```

In questo caso abbiamo deciso di mostrare un'immagine 640x480 pixels a prescindere da quali siano effettivamente le dimensioni dell'immagine. I browser, in genere, visualizzano prima il testo ed inseriscono le immagini non appena disponibili. Con questi attributi istruisci il browser su quanto deve essere grande l'immagine in modo che possa riservare posto sufficiente sul display. Questa tecnica rende il passaggio molto più agevole per l'utente in quanto il contenuto testuale è già fissato e non si sposta quando viene inserita l'immagine.

Qualsiasi programma di modifica delle immagini, persino i visualizzatori di immagini integrati nei sistemi operativi visualizzano le informazioni sulla larghezza e altezza di un'immagine in pixel. Puoi visualizzare le proprietà dell'immagine in tutti i sistemi operativi accedendo alle proprietà del file tramite click sul tasto destro.

La bellezza di HTML consiste nel combinare elementi in modo semplice infatti è possibile creare delle immagini che "nascondono" dei link in modo molto semplice. A questo proposito riprendiamo il nostro sito di ricette di cucina che avevamo creato con un elenco di link. Adesso diventerà un insieme di immagini con un link al loro interno, ti accorgi che c'è un link nascosto su un elemento perché cambia la forma del puntatore.

Al tag <a> aggiungiamo un semplice tag <img> che contiene il riferimento all'immagine e poco altro:

```
<!DOCTYPE html>

<html>

<head>

<title>Ricette buonissime</title>

</head>

<body>

<h1>Ricette di cucina</h1>

<ul>

<li>

<a href="antipasti.html">

<img     src="antipasti.jpg"     alt="antipasto     all'italiana"
height="72" width="108">

</a>

</li>

<li>

<a href="primi.html">
```

```html
<img src="primi.jpg" alt="piatto di pasta" height="72" width="108">

</a>

</li>

<li>

<a href="secondi.html">

<img src="secondi.jpg" alt="bistecca di carne" height="72" width="108">

</a>

</li>

<li>

<a href="contorni.html">

<img src="contorni.jpg" alt="contorno di patate" height="72" width="108">

</a>

</li>

<li>

<a href="dolci.html">
<img src="dolce.jpg" alt="torta al cioccolato" height="72" width="108">
```

```
</a>

</li>

<li>

<a href="unici.html">

<img src="piatto_unico.jpg" alt="piatto unico con pasta e
pesce" height="72" width="108">

</a>

</li>

</ul>

</body>

</html>
```

Adesso che abbiamo modificato la nostra pagina, possiamo
vederla nel browser:

Ricette di cucina

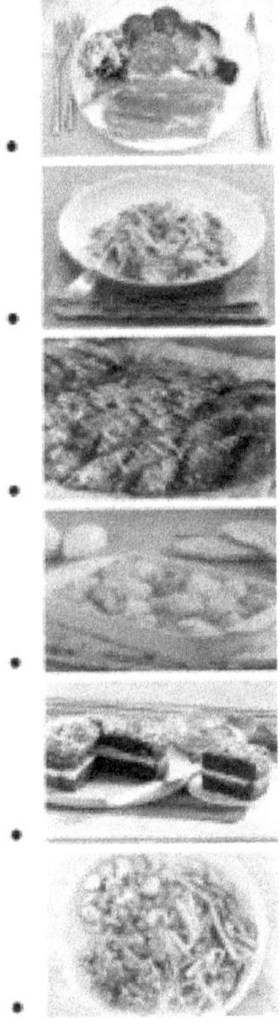

Precedentemente abbiamo posto l'attenzione sulla trasparenza infatti le immagini trasparenti sono elementi grafici salvati nel formato file GIF o PNG (ma non JPEG) in cui un colore nell'immagine è trasparente. L'immagine con trasparenza mostrerà il colore dello sfondo su cui viene posizionata. La trasparenza aiuta le immagini ad integrarsi in una pagina, ma la creazione di immagini trasparenti ha comunque i suoi svantaggi: sebbene sia possibile impostare diversi colori in un'immagine

PNG in modo che siano trasparenti, è possibile selezionare un solo colore in una GIF. Quasi tutti i software di modifica delle immagini, da quelli gratuiti a quelli commerciali, hanno delle funzionalità per la creazione di immagini trasparenti. Cerca nella guida o nella documentazione del tuo strumento preferito per scoprire come utilizzare la funzione di trasparenza. Inoltre, poiché le immagini trasparenti sono solo normali file di immagini, si utilizza l'elemento <img> per fare riferimento anche ad esse nelle pagine HTML.

La trasparenza funziona in modo ottimale quando non ci sono molti colori, quindi c'è meno ombreggiatura con cui lavorare. Se hai immagini complesse che desideri fondere con lo sfondo della tua pagina, considera l'uso dello stesso sfondo tra immagini e sito Web.

Quali immagini usare?

Naturalmente, se si desidera utilizzare le immagini nelle pagine Web, è necessaria una fonte per tutte quelle immagini. Anche se non sei un artista o fotografo di professione, ciò non significa che non puoi acquisire immagini di qualità senza spendere molto per farlo. Sono disponibili diverse opzioni per immagini a prezzi ragionevoli, alcune anche gratuite:

- https://pixabay.com/
- https://unsplash.com/
- https://www.pexels.com/
- https://it.freeimages.com/

Questo dipende molto dalla qualità e dallo scopo che vuoi raggiungere, ovviamente potrebbe crearsi un sito non coerente, soprattutto se usi delle icone con stile diverso. Ecco perché potresti considerare di commissionare lo stile ad un grafico per creare un sito coerente in ogni parte e assicurati sempre di ottenere copie in formato digitale, preferibilmente in diversi formati e dimensioni. Assicurati di avere tutti i diritti sulle immagini in modo da non incorrere in problemi legali.

Considerazioni finali

Abbiamo assistito e stiamo assistendo all'evoluzione continua del Web e HTML ha svolto un ruolo fondamentale costituendo la base di ogni sito Web. Avvolto dalla sua semplicità, dalla semplice idea di costruire una pagina interattiva integrando degli elementi al contenuto della pagina stessa. Per un sito Web di successo la tecnologia, però, non basta. È fondamentale concentrarsi su contenuti di qualità, usare immagini valide, che forniscano informazioni e non solo per riempire lo schermo.

Per guadagnare la fiducia dei tuoi utenti e conservarla, il contenuto della pagina è fondamentale. Se non hai contenuti forti, solidi e informativi, gli utenti avranno l'impressione che tutto il sito è spoglio e presto ne cercheranno un altro alla ricerca di contenuti più interessanti e, magari, strutturati meglio.

Evita gli orpelli e contenuti scadenti, la guida per lo sviluppo deve essere "I tag sono importanti, ma ciò che è tra i tag è ciò che conta davvero".

Fornire agli utenti una roadmap chiara e guidarli attraverso i tuoi contenuti è importante sia per una singola homepage che per un'enciclopedia online. Quando i documenti più lunghi o più complessi diventano un sito Web completo, una roadmap diventa ancora più importante. Questa mappa prende idealmente la forma di un diagramma di flusso che mostra l'organizzazione della pagina ed i suoi collegamenti. Ti consiglio di non iniziare a scrivere contenuti o posizionare tag fino a quando non capisci cosa vuoi dire e come vuoi organizzare il tuo materiale. Inizia a costruire il tuo documento HTML o la raccolta di documenti con carta e matita, disegna le relazioni all'interno del contenuto e tra le tue pagine e, ricorda, che i buoni contenuti provengono da una buona organizzazione.

Don't miss out!

Visit the website below and you can sign up to receive emails whenever Oscar R. Frost publishes a new book. There's no charge and no obligation.

https://books2read.com/r/B-A-VXBZ-YNYJF

BOOKS 2 READ

Connecting independent readers to independent writers.

Also by Oscar R. Frost

Raspberry Pi: Scopri Tutti i Segreti per lo Sviluppo e Programmazione del Micro Computer per Maker e Hobbisti. Contiene Esempi di Codice ed Esercizi Pratici

Arduino: Scopri Tutti i Segreti per lo Sviluppo e la Programmazione del Microcontrollore per Maker e Hobbisti. Contiene Esempi di Codice ed Esercizi Pratici.

Angular: Guida Completa allo Sviluppo e Programmazione di Siti Internet Dinamici e Web App con AngularJS. Contiene Esempi di Codice ed Esercizi Pratici

C++: Guida Completa al Linguaggio e alla Programmazione ad Oggetti. Contiene Esempi di Codice ed Esercizi Pratici

CSS: Guida Completa allo Sviluppo di Fogli di Stile per Web Design e la Creazione di Siti Internet. Contiene Esempi di Codice ed Esercizi Pratici

PHP: Guida Completa allo Sviluppo e Programmazione di Siti Web Dinamici. Contiene Esempi di Codice ed Esercizi Pratici.

MySQL: Guida Completa ai Database SQL per Principianti. Contiene Esempi di Codice ed Esercizi Pratici.

JavaScript: Guida alla Programmazione Web e Web-App. Contiene Esempi di Codice ed Esercizi Pratici.

React Native: Guida Completa allo Sviluppo e Programmazione di Siti Internet e Web App con ReactJS. Contiene Esempi di Codice ed Esercizi Pratici.

Java: Guida Completa alla Programmazione ad Oggetti.
Contiene Esempi di Codice ed Esempi Pratici
HTML: Guida Completa allo Sviluppo Web e Web Design per
Programmare Siti Web. Contiene Esempi di Codice ed Esercizi
Pratici
Python: Il Manuale per Imparare a Programmare. Contiene
Esempi di Codice ed Esercizi Pratici.

www.ingramcontent.com/pod-product-compliance
Lightning Source LLC
Chambersburg PA
CBHW061347140726
47997CB00003B/1087